Bernd Wehrum

Es gibt Hunde und…es gibt Terrier!

Ich widme dieses Buch unserem Hund „Scoby" in Dankbarkeit für die bisherige gemeinsam verbrachte schöne Zeit.

Meine Frau und ich wünschen uns noch viele schöne Jahre mit diesem außergewöhnlichen Hund.

Bernd Wehrum

Es gibt Hunde,

und…

es gibt Terrier!

Ein amüsantes Büchlein über das Zusammenleben mit einem liebenswerten Terriermischling namens

„Scoby"

Bibliografische Information der Deutschen Nationalbibliothek.
Die Deutsche Nationalbibliothek verzeichnet diese Publikation in der Deutschen Nationalbibliografie; detaillierte bibliografische Daten sind im Internet über http://dnb.d-nb.de abrufbar.

© 2009 Bernd Wehrum
Herstellung und Verlag:
Books on Demand GmbH, Norderstedt
ISBN 978-3-8370-3540-7

Inhalt

Vorwort

Eigentlich wollten wir nach dem plötzlichen Tod unserer 13 jährigen Mischlingshündin Anka im Jahre 2003 und nach einer angemessenen Zeit der Trauer wieder einen vergleichbaren Hund haben, nämlich:

- eine Hündin,
- kurzhaarig
- und gutmütig,

und was haben wir uns ausgesucht?

- Einen Rüden,
- mit wilden Borsten und einer langen Mähne,
- und jederzeit zum Raufen bereit,

das muss doch schief gehen werden sie jetzt denken, aber weit gefehlt, wir haben diese Entscheidung nicht bereut und möchten deshalb unsere Erfahrungen in einer amüsanten Art und Weise an Sie weitergeben.

Wenn Sie sich also mit dem Gedanken tragen, einen Terrier oder Terriermischling in ihr bisheriges menschliches Umfeld aufnehmen zu wollen, oder einfach an Tiergeschichten interessiert sind, dann haben sie sich bestimmt für die richtige Lektüre entschieden, denn dieses Büchlein ist eine Mischung zwischen Belletristik und Ratgeber, und das auch noch auf „autobiografischer" Grundlage.

Ich hoffe sie davon überzeugen zu können, dass auch Terrier und Terriermischlinge sehr treue Begleiter sind,.........wenn man sich auf ihre Eigenarten einstellt und akzeptiert, dass diese Art von Hund doch ein bisschen anders ist.....

...und unser Scoby, das werden Sie bald merken, wird in diesem Büchlein in den jeweiligen Kapiteln auch etwas aus seiner Sicht zu bestimmten Themen beitragen.

Ich wünsche Ihnen viel Spaß und so manches Schmunzeln bei der Lektüre dieses Büchleins.

Bernd Wehrum

Hoppla,…und jetzt komme ich

Da dieses Büchlein überhaupt nicht zustande gekommen wäre, wenn ich mir nicht im Frühjahr 2004 selber ein neues Herrchen und Frauchen ausgesucht hätte und den Beiden in meine neue Heimat im schönen Rheinhessen bei Mainz gefolgt wäre, möchte ich ihnen liebe Leserinnen und Leser gleich am Anfang dieses Buches etwas über mein bisheriges Leben und meine Vorgeschichte erzählen, damit Sie sich von Anfang an ein besseres Bild von mir machen können.

Obwohl es keiner so ganz genau weiß, so steht doch ziemlich sicher fest, dass ich ungefähr Ende 2001 geboren und dann als junger Hund in Sardinien ausgesetzt wurde.

Zum Glück haben mich irgendwann Kinder gefunden und ein Junge hat mich dann mit zu sich nach Hause genommen.

Das bedeutete für mich, ich war somit „von der Straße weg" und hatte wieder ein Zuhause, denn aufgrund meines unwahrscheinlichen Charmes und meines treuen Blickes konnten mich die Eltern des Jungen natürlich nicht mehr wegschicken.

Als es dann um die Frage meines neuen Namens ging, haben die Kinder die mich gefunden haben vorgeschlagen, dass ich „Scoby" heißen soll, da diese Abkürzung eines italienisch / sardischen Wortes soviel wir „Herumstreunen bzw. Herumstrolchen" bedeutete und....

......das traf ja auf mich zu!

Und dieses Herumstreunen machte mir auch weiterhin viel Spaß, denn mein damaliges Herrchen und Frauchen waren beide berufstätig, hatten bereits einen Hund und da die Wohnung ziemlich klein war, durfte ich mich Gott sei Dank wieder von morgens bis abends frei draußen bewegen und „Sardinien unsicher machen".

Und das machte natürlich sehr viel Spaß, denn was gibt es für einen Hund – der mit einem großen Anteil an Genen eines Borderterriers ausgestattet ist – Schöneres als:

- Ziegen und Schafe jagen,
- Kühe über die Weide zu treiben,
- Pferde zu einem munteren Galopp bergauf und bergab zu animieren,
- und so manchen Hirten zur Verzweiflung zu bringen,

weil es mir wieder einmal gelungen war, seine Herde auscinanderzuscheuchen, da die Ziegen bei meinem Anblick regelmäßig Reißaus nahmen und dabei öfters auch noch den fast vollen Eimer mit frisch gemolkener Milch umstießen,….

…..man kann sich daher unschwer vorstellen, da kam bei den Hirten „riesige Freude" auf!

Aber dieses Leben wurde zusehends auch immer gefährlicher, denn einige Hirten hatten schon zum Gewehr gegriffen und auf mich geschossen um mich zu verscheuchen, aber zum Glück war ich wie immer schneller und es ist nichts passiert.

Da man das Glück aber nicht überstrapazieren soll war ich irgendwann davon überzeugt, dass es auf Dauer wohl besser sei, sich einen ungefährlicheren Aufenthaltsort mit

„weniger bleihaltiger Luft"

auszusuchen.

Und was lag da näher als mir eine gewisse Zeit in aller Ruhe die Urlauber eines benachbarten Ferienhauses anzuschauen um zu testen, ob sie für mich als neues Herrchen oder Frauchen in Frage kommen könnten.

Ende April 2004 war es dann endlich soweit, denn ich war der festen Überzeugung, dass ich die Richtigen gefunden hatte. Das bedeutete für mich – und das fiel mir nicht schwer – dass ich ab sofort meinen ganzen Charme einsetzen musste um deren Begeisterung für mich zu wecken.

Spätestens jetzt an dieser Stelle, wo über den Einsatz der „Körpersprache" gesprochen wird, muss ich natürlich auch noch einmal versuchen genauer zu beschreiben, wie ich denn überhaupt aussehe?!

Und wenn sie sich danach dann selber ein Bild von mir gemacht haben, dann schauen sie sich doch noch einmal ganz bewusst mein Bild auf der Umschlagseite an und beurteilen selber ob meine eigene abgegebene Beschreibung denn überhaupt zutrifft?!

Aber wie sehe ich nun aus?????

Wenn sie mein Herrchen fragen, dann sagt der den Leuten immer, dass ich hundertprozentig

„eine Mischung aus einem Terrier und einem Wildschwein"

sei, und da ist tatsächlich ja auch irgendetwas Wahres dran, denn ich sehe mit meinem:

- schwarz, braun, rötlich gefärbtem Fell,
- meinen breiten Schultern, die von einer löwenhaften Mähne bedeckt sind,
- meinen herrlichen, bernsteinfarbenen, großen, treuen Augen und
- meinem „Macho Gang" mit einem ganz besonderen „Hüftschwung"

nicht nur ziemlich gefährlich und wild aus, sondern ich war das auch sehr lange.

Ich habe deshalb auch noch lange Zeit, insbesondere jeden größeren Hund, total „angemacht", sodass mein neues Herrchen und Frauchen sich lange Zeit die Frage stellten, ob sie mit mir überhaupt am helllichten Tag spazieren gehen können, aber sie werden ja sehen und lesen, ...das hat sich alles geändert !

Scoby

Ein Hund der tut..
dem Menschen gut!

Inspiriert durch die Kapitelüberschrift in
Versform möchte ich sie im Stile der Ge-
schichten von Eugen Roth ebenfalls mit einem
kleinen Vers in dieses Kapitel und das Büchlein
einführen……

Ein Mensch…..

…der steht da einsam und allein
und fragt sich, muss das so sein
dass mein Leben, das ich hier friste
jeden Tag so öd' und triste,
aber wie wird mein Leben wieder bunt
ich glaub' ich „komme jetzt auf den Hund."

Gesagt getan so wird's gemacht
jetzt wird ein Hund sich angelacht
und dem Mensch, dem tat das gut
er hatte plötzlich wieder Lebensmut
und er stellte fest mit Freude
er kam jetzt wieder unter Leute
und Menschen die er bisher nicht kannte
die sind plötzlich nun Bekannte,
der Mensch fühlt sich wohl und ist gesund
und das alles nur „Dank Hund!"

Was aber hat es nun damit auf sich, wenn in verschiedensten Publikationen und Beiträgen zum Thema „Zusammenleben zwischen Mensch und Hund" überwiegend auf die positiven Auswirkungen hingewiesen wird?

Ganz einfach: „**Es stimmt!**"

Aber bitte jetzt keine Sorge, ich habe ihnen im Vorwort ein amüsantes Büchlein versprochen und daran werde ich mich halten und werde deshalb jetzt auch nicht in größerem Umfang auf diese positiven Aspekte eingehen, die zum Beispiel aus medizinischer, psychologischer, pädagogischer, soziologischer oder geriatrischer Sicht teilweise sogar wissenschaftlich nachgewiesen sind.

Aber am Anfang eines Büchleins, das über Erfahrungen des Zusammenlebens zwischen Mensch und Hund berichtet, sollten zu diesem Thema zumindest einige Aspekte kurz benannt werden, die einem möglicherweise noch gar nicht so bewusst sind, (…aber auch nicht so tierisch ernst genommen werden sollten) nämlich zum Beispiel:

Der Hund als Katalysator:
Ja, sie haben richtig gelesen, ein Katalysator im streng chemischen Sinn beschleunigt nämlich

Reaktionen oder führt bestimme Reaktionen herbei.

Und ein Hund?

Der macht das Gleiche auf seine Art und Weise und zwar im zwischenmenschlichen Bereich, denn dort sorgt er sehr oft für „Reaktionen", die ohne ihn überhaupt nicht zustande gekommen wären.

Denken sie dabei beispielhaft ganz einfach einmal an den Umzug an einen fremden neuen Ort und das Problem mit unbekannten Menschen in's Gespräch zu kommen, oder denken sie an einen einsamen alten Menschen oder ganz einfach an eine Frau oder ein Mann im besten Alter auf der Suche nach dem anderen Geschlecht,…..aber was haben diese Beispiele alle gemeinsam?
Natürlich „**das Thema Hund!**"

Denn bei zwei Menschen die sich mit ihrem Hund an der Leine begegnen sind nämlich die oben angesprochenen Probleme keine Probleme mehr!

Sozialisation:
Oder, wie erlernen Kinder im Rahmen ihrer Sozialisation in der heutigen Zeit Rücksichtnahme und Verantwortungsbewusstsein, wenn

PC und Spielkonsolen deren einzige Kommunikationspartner sind? **.....Durch einen Hund!**

Gesundheit:
Ich schreibe zwar kein Buch zum Thema Gesundheit, aber ich denke es ist unumstritten,

„wir bewegen uns zuwenig!"

Und wer ertappt sich nicht dabei, dass er rational zwar weiß, dass er nach einem stressigen Tag eigentlich abends noch Bewegung bräuchte,......aber es regnet!!

Und bei einem solchen Wetter…
„jagt man doch keinen Hund vor die Tür."

Richtig, aber Herrchen oder Frauchen gehen trotzdem raus, denn dem erwartungsvollen Blick eines Hundes zu widerstehen, der sich auf einen gemeinsamen Spaziergang freut, das geht einfach nicht!

Und wenn sie jetzt auch noch von sich selber sagen, dass sie zu den Menschen gehören, die nicht zu allem Ja und Amen sagen, die ihre eigene Meinung haben und sich vor allen Dingen nicht bedingungslos Allem anpassen,…

dann….passt auch ein Terrier zu Ihnen!

Hunde gehorchen,
...Terrier überlegen

Ich habe irgendwann einmal irgendwo gelesen, warum Dackel und Terrier eigensinnig sind und ihren „eigenen Kopf" (Dickkopf) haben.

Der Verfasser hatte damals in seinem Artikel dies damit begründet, dass Dackel und Terrier zwar gelehrige, folgsame und besonders treue und ihrem Herrchen und Frauchen ergebene Hunde seien, deren Eigensinnigkeit aber ganz einfach wie folgt begründet werden könne.

Dackel und bestimmte Terrier wurden und werden von Jägern insbesondere wegen Ihrer Fähigkeiten beim Aufstöbern und Verjagen von Füchsen in Fuchsbauten geschätzt und bei einer solchen Tätigkeit ist der Hund im Fuchsbau auf seinen eigenen „Verstand" und nicht auf die Kommandos seines Herrchens angewiesen.

Dass bedeutet, er muss selbstständig entscheiden, was er als Nächstes tun muss, denn auf sein Herrchen draußen vor dem Fuchsbau kann er sich in dieser Situation nicht verlassen und auf dessen Befehle warten, deshalb müssen sich Beide im wahrsten Sinne des Wortes „blind aufeinander verlassen können".

Also haben Terrier ein gesundes Selbstbewusstsein und einen eigenen Kopf,..........

....und das merken Sie dann bei jedem Spaziergang, denn der gehorsame Terrier ist halt

„etwas anders gehorsam"

als seine Artgenossen!

Stellen Sie sich vor, Sie haben mit ihrem ganz normalen anderen Hund eine Hundeschule besucht und sind stolz darauf, dass ihr Hund die Grundgehorsamsübungen beherrscht, dass bedeutet zum Beispiel, dass ein solcher Hund sofort zurückkommt wenn sie ihn rufen.

Was aber macht ein Terrier oder Terriermischling, der in der gleichen Hundeschule war und ebenfalls die Regeln des Grundgehorsams beherrscht?

Er kommt nach dem Rufen zwar auch, ...

aaaaber ....das dauert schon seine Zeit, denn gerade in dem Augenblick, in dem Herrchen oder Frauchen ruft muss ich
(Anm.: Jetzt spricht der Terrier)

- unbedingt noch etwas fertig schnup-
  pern,
- noch einmal ganz kurz in ein Mause-
  loch schauen
- und auf dem Weg zurück unbedingt
  noch einmal „das Beinchen heben"

…und dann bin ich endlich bei Frauchen oder
Herrchen angelangt, freue mich ganz riesig,
dass ich so folgsam war und Frauchen und
Herrchen können überhaupt nicht schimpfen,
denn ich habe doch gehorcht…..

…..und ich bin jetzt endlich da!

Das Kennen Lernen

Ich weiß nicht ob sie sich vorstellen können wie einem zumute ist, wenn man sich von seinem treuen Vierbeiner nach 13 Jahren plötzlich und völlig unerwartet innerhalb von wenigen Stunden verabschieden muss, weil er nach einem plötzlichen Schlaganfall und einer kompletten Lähmung ab der Schulter abwärts eingeschläfert werden musste…..

…..und wenn man dann mit seiner Frau ca. sechs Monate später genau dieses Ferienhaus betritt, dass man extra für einen Urlaub mit diesem Hund ausgesucht hatte, um dort gemeinsam „im Rudel" einen schönen Urlaub verbringen zu können.

Ich weiß auch nicht, ob man es sich darüber hinaus auch noch vorstellen kann wie einem zumute ist, wenn man nach dem Auspacken der Koffer und dem Bezug des Feriendomizils plötzlich durch die Scheibe der Eingangstür von vier treuen Hundeaugen anschaut wird, die zu zwei völlig unterschiedlichen liebenswerten Mischlingshunden gehören, die uns ganz einfach in unserem Ferienhäuschen begrüßen wollten!

Und obwohl wir beide nach dem plötzlichen Tod unseres Hundes bis zu diesem Zeitpunkt noch nicht in der Lage waren uns nach einem anderen neuen Hund umzuschauen, hörten wir bei uns beiden ganz spontan eine zutiefst innere Stimme, die uns sagte: „Das wäre der richtige Hund für euch"...nur mit dem kleinen aber wichtigen Unterschied, dass jeder von uns beiden spontan jeweils einen anderen Hund in sein Herz geschlossen hatte, obwohl das ja völlig irrational war, denn die Hunde mussten ja irgendjemand gehören?

Und so war es auch, denn sie gehörten einer sardischen Familie, die in einem kleinen Häuschen gegenüber von uns wohnte.

Obwohl meine Frau und ich nun genau wussten, dass es sich bei den beiden Hunden nicht um streunende Hunde „ohne festen Wohnsitz" handelte, so träumte doch jeder von uns beiden heimlich und im tiefsten Inneren davon, doch einen dieser beiden Hunde zu besitzen.

Allerdings hatten diese Träume den kleinen Unterschied, dass meine Frau eher dem Kleineren der Beiden, möglicherweise eine Mischung zwischen Dackel und Cocker Spaniel, zugetan war, während ich mein Herz sofort in den etwas größeren, rauhborstigen und auf den ersten

Blick wild und nicht alltäglich aussehenden Terriermischling verloren hatte.

Interessanterweise zeigten die Beiden uns gegenüber auch zwei völlig verschiedene Verhaltensweisen. Obwohl sie uns regelmäßig mehrmals am Tag immer „im Zweierpack" in unserem Haus besuchten, ging der Kleinere der Beiden immer dann ein paar Schritte zurück wenn wir die Tür öffneten, währenddem der Andere sich freundlich wedelnd auf uns zu bewegte und wie selbstverständlich die angebotenen Leckereien und Streicheleinheiten in Empfang nahm.

Die Anhänglichkeit dieses vierbeinigen Gesellen ging schließlich soweit, dass er uns bereits ab dem ersten Abend bei unserem Gang in den ca. zwei Kilometer entfernten Ortskern der nächst größeren Ortschaft begleitete und sich auch nicht von seinem Herrchen zur gemeinsamen Rückkehr nach Hause überzeugen ließ, als uns dieser auf seinem Heimweg von der Arbeit mit seinem Moped entgegenkam.

Darüber hinaus entdeckten wir alle beide wieder unsere erneut zum Leben erwachten Gefühle und Verantwortung für einen uns anvertrauten Hund und – insbesondere meine Frau – war immer dann voller Sorgen und Ängste, wenn sich dieser Hund namens „Scoby" wieder einmal kurz von uns entfernte um:

- einen Mopedfahrer zu jagen,
- andere Hunde „aufzumischen",
- oder kreuz und quer über eine stark befahrene Straße zu rennen,

weil er gerade auf der anderen Seite etwas Interessantes entdeckt hatte,……

…und von diesem Augenblick an war uns wieder richtig bewusst, dass wir wohl auf Dauer nicht ohne einen Hund leben können, und wir waren zumindest froh und dankbar dafür, dass wir diese Erfahrung Dank unseres „Urlaubshundes" machen durften, der uns ab sofort jeden Tag mehrmals besuchte und uns regelmäßig bei Spaziergängen begleitete.

Im Nachhinein gesehen wurde uns dann deutlich und bewusst, dass sich „Scoby" bereits damals für uns als Herrchen und Frauchen entschieden hatte, das heißt, dass er sich nach einem umfangreichen Studium der vorangegangenen Feriengäste bewusst uns als sein neues Herrchen und Frauchen ausgesucht hatte.

Die „Adoption"

Nachdem für uns aufgrund der vorangegangenen Ereignisse bereits am vierten Tag unseres dreiwöchigen Urlaubs fest stand, dass wir wieder irgendeinen neuen Mischlingshund in unserer Familie brauchen, suchte ich im Haus gegenüber das Herrchen und Frauchen der beiden Hunde mit dem Ziel auf, sie danach zu fragen, woher sie Scoby hätten, damit wir uns noch während unseres Urlaubs ebenfalls nach einem solchen Vierbeiner umsehen könnten.

Es fand also zunächst ein freundliches und offenes Gespräch mit dem Frauchen statt, das allerdings in einem „multisprachlichen Mix" zwischen Italienisch und Englisch sowie einem anstrengenden körperlichen Einsatz – insbesondere der Hände und der Mimik der Gesichtsmuskeln – geführt wurde.

Aufgrund dieser besonderen Gesprächsführung war ich mir bei einer Äußerung des bisherigen Frauchens hundertprozentig sicher, dass ich irgendetwas falsch verstanden haben musste, denn ich meinte deren Frage:

„Wollen Sie Scoby mit nach Deutschland nehmen?"

gehört zu haben!?

Bevor ich intensiver über dieses offensichtliche Missverständnis nachdenken konnte verschwand die Frau in ihrem Haus und kam kurz darauf mit einem italienischen Hundepass zurück um mir zu zeigen, dass Scoby über alle erforderlichen Impfungen verfüge, so dass wir ihn ohne Probleme mit nach Deutschland nehmen könnten.

Was war da jetzt passiert?!

Ich war zunächst komplett sprachlos, ging hinüber zu meiner Frau und erklärte ihr, dass wir offensichtlich

„ab heute einen neuen Hund haben".

Obwohl sie das zunächst einmal für einen schlechten Scherz von mir hielt, folgte mir Scoby – wie zu einer offiziellen Bestätigung – auf dem Fuße, setzte sich vor uns hin und schaute uns mit einem Blick an der sagte:

„So, ich habe Euch lange genug gesucht, ...und jetzt bin ich da!"

Im Verlauf der nächsten Tage erfuhren wir dann so Einiges über die „Vorgeschichte" unseres neuen Hundes und mussten feststellen, dass dem bisherigen Herrchen und Frauchen die Abgabe von Scoby überhaupt nicht leicht fiel, deshalb flossen später beim Abschied auch viele Tränen, aber das sardische Ehepaar hatte offensichtlich von uns den Eindruck gewonnen, dass es ihrem Hund auch in der neuen Umgebung bei uns in Deutschland weiterhin sehr gut gehen wird.

Was war aber nun der tatsächliche Grund, dass sie sich schweren Herzens zur Abgabe von Scoby entschieden hatten?

Tatsache war, dass die Beiden ganztags berufstätig waren und der zweite kleinere Hund im Haus bleiben und Scoby dagegen von morgens bis abends frei herumlaufen und den Ort und die Umgebung unsicher machen durfte, und das im wahrsten Sinne des Wortes, denn dieser Terriermischling „mischte alles auf" und war deshalb überall bekannt, gefürchtet und kein unbeschriebenes Blatt.

Egal ob Pferde, Ziegen, Schafe, Hühner, Kühe und Menschen auf Mopeds,……..

....nichts war vor ihm sicher, geschweige denn die anderen Hunde, mit denen er sich regelmäßig anlegte. Für die Beschreibung dieses Verhaltens war die Gestik und Mimik seines bisherigen Frauchens sehr aufschlussreich, die nach dem Erwähnen des Namens Scoby mit den Händen und einem knurrenden Geräusch verdeutlichte, dass Scoby sich bei jeder Gelegenheit mit anderen Hunden anlegte und bei Artgenossen, die ihm nicht passten, auch zubiss.

Na also, das waren ja hervorragende Vorraussetzungen einen neuen Hund mit nach Hause zu nehmen, aber wer diesen Hund einmal gesehen hat, der kann verstehen, dass man nach einem Blick in diese treuen Augen überhaupt nicht mehr Nein sagen konnte, immer verbunden mit der Hoffnung, dass sich diese Verhaltensweisen hoffentlich in der Zukunft bald legen werden!

Denjenigen Lesern, die ebenfalls beabsichtigen einen „halbstarken" oder ausgewachsenen Terrier bzw. Terriermischling bei sich aufzunehmen sei bereits an diese Stelle schon vorab gesagt, dass man unter zwei Vorraussetzungen durchaus einen Hund mit negativen Vorerfahrungen oder Eigenschaften noch erziehen kann.

1. Als Erstes brauchen sie eine unwahrscheinliche Geduld und Ausdauer und

2. bei einem Terrier bzw. Terriermischling müssen sie sich immer im Klaren

darüber sein, dass es trotz späterem gutem Verhalten nach wie vor immer wieder bestimmte Überraschungen geben wird,

aber deshalb ist ja auch der Titel diese Büchleins bewusst so gewählt, denn es gibt tatsächlich „Hunde und es gibt Terrier"…..und die daraus resultierenden kleinen und großen Unterschiede, ...

....denn ansonsten hätte ich das alles ja gar nicht zu Papier bringen müssen!

Mein neues Hundeleben

So, das war zunächst einmal geschafft, denn es ist mir – wie ich es mir vorgenommen hatte – endlich gelungen, mir ein neues Herrchen und Frauchen anzulachen.

Aber nun beschäftigte ich mich natürlich mit der großen Frage „Was kommt jetzt?", und was ändert sich gegenüber meinem bisherigen, ausschließlich von Freiheitsdrang geprägtem, Hundeleben?

Zu diesem Zeitpunkt war die Bandbreite meiner Gefühle und Gedanken von riesengroßer Freude bis hin zu großen Zweifeln im Zusammenhang mit meinen künftigen „Freiheiten" geprägt.

Da ich aber selber für diese Situation voll verantwortlich war, nahm ich das alles doch mehr oder weniger gelassen auf und harrte der Dinge die da kommen werden.

Der Eindruck der ersten gemeinsam verbrachten Nacht im Ferienhaus war allerdings überwiegend positiv, denn ich bekam in der Wohnküche ein Eckchen mit einer Decke zurecht gemacht auf welcher ich es mir gemütlich machen konnte, und das war natürlich gegenüber den bisherigen Gegebenheiten ein sehr großer Fortschritt, denn wenn ich bisher von meinen ganztäglichen Ausflügen nach Hause kam wurde ich für die Nacht an einer zwar langen (..aber trotzdem) Kette festgemacht, und als Schlafstatt diente mir ein alter Kartoffelsack der im Hof unter einem schützenden Betondach lag,...das war alles!

Also, das war doch schon mal ein großer Fortschritt, denn erstmals war ich nachts nicht ausgegliedert, sondern mit Herrchen und Frauchen gemeinsam unter einem Dach. Da das natürlich sehr angenehm war überlegte ich mir verständlicherweise wie ich dieses Glücksgefühl noch steigern könnte, und was entdeckte mein Blick ....„eine Couch", ja, und das wäre doch genau das Richtige für eine angenehme Nachtruhe für einen solchen Hund wie ich und „Ruck Zuck" räumte ich mein Deckchen und machte es mir auf der Couch bequem!

Aber ich hatte die Rechnung ohne Wirt – sprich ohne mein neues Herrchen – gemacht, denn als dieser mich nachts auf der Couch entdeckte wurde ich freundlich aber bestimmt von der Couch komplimentiert und verbrachte den Rest der Nacht wieder auf meinem Deckchen, aber „unter uns gesagt" das war doch immer noch besser als mein bisheriger Kartoffelsack im Freien...aber man kann es ja einmal versuchen!

Die nächste Erfahrung, die ich einen Tag später machen musste, war das Gehen an der Leine. Ich hatte zwar bisher auch schon immer ein Halsband um, aber eine Leine wurde lediglich ein- oder zweimal im Jahr angelegt, wenn ich zum Beispiel einen Tierarzttermin hatte….aber jetzt schien es so, als müsste ich dieses Ding ständig an meinem Halsband dran haben.

Ich durfte zwar in freiem Gelände nach wie vor frei herumspringen aber sobald wir in ein bewohntes Gebiet kamen wurde ich an der Leine festgemacht, und ich kann Ihnen sagen,

…das war nicht nur für mich, sondern auch für Andere ein unwahrscheinliches Erlebnis, denn wer hatte mich bisher schon einmal an einer Leine gesehen?!

Mein Herrchen, Frauchen und ich lachen heute im Nachhinein immer noch darüber, wenn wir uns an eine Situation unseres ersten gemeinsamen „angeleinten" Spazierganges erinnern, denn ein gerade seine Ziegen melkender Hirte stieß vor lauter Schreck seinen mühsam gefüllten Melkeimer um, da er mich natürlich von Weitem erkannte und – wie bisher gewohnt – seine Ziegenherde vor mir schützen und mich verscheuchen wollte, aber dann, als der Eimer umgetreten war, musste er mit weit aufgerissenen Augen feststellen, dass ich nicht wie sonst üblich über eine locker aufgeschichtete circa einen Meter hohe Trockensteinmauer sprang und seine Herde verscheuchte, sondern

„an einer langen Leine war"

und mit meinem neuen Herrchen und Frauchen spazieren ging, und dieses Erlebnis machte mir natürlich wesentlich mehr Spaß als Gedanken darüber zu verlieren, ob es schlimm ist, wenn ich künftig nicht immer nur frei in der Gegend herumlaufen kann wie bisher.

Mir war natürlich auch klar, dass in dieser ersten Phase des Zusammenlebens mit meinen neuen menschlichen Rudelmitgliedern, mein Herrchen und Frauchen auch herausfinden wollten ob ich denn überhaupt auch alleine zuhause bleiben oder eine längere Autofahrt überstehen kann, denn immerhin mussten wir für den Rückweg im Auto und auf der Fähre zwölf Stunden auf dem Meer unterwegs sein und dann noch einmal knapp 1.300 km mit dem Auto fahren.

Also, kurz und gut, das mit dem Zuhause bleiben klappte hervorragend, denn warum sollte ich mich denn negativ aufführen oder alleine Angst haben (…das ist sowieso ein Fremdwort für einen Terriermischling wie mich) wenn mein Herrchen und Frauchen mich bei einem Testeinkauf alleine im Ferienhaus zurück ließen, denn mir als schlauem Hund war ja durchaus klar, dass die wieder zurück kommen mussten, denn die hatten ja ihre ganzen Sachen im Haus.

Also harrte ich der Dinge, bzw. der Beiden die ja irgendwann wieder kommen würden, um sie dann mit einem treuen Blick und einer unwahrscheinlichen Begrüßungszeremonie so zu begrüßen, als ob sie drei Wochen weg gewesen seien, und das lohnt sich für einen Hund wie mich in jedem Fall, denn dann bekommt man gewöhnlich sehr viele Streicheleinheiten und auch etwas Gutes zur Belohnung, weil man ja so brav war!!

Wesentlich problematischer und unangenehmer war für mich die Angelegenheit mit dem Autofahren.

In meinem bisherigen Leben hatte ich wenig Erfahrung mit dem Thema Autofahren sammeln können, da ich nur ab und zu einmal bei kurzen Strecken zum Einkaufen und zum Tierarzt mitfahren durfte, oder besser gesagt musste, denn meine Erinnerungen an diese Fahrten waren für mich sehr negativ weil ich mich gut daran erinnern kann, dass es mir beim Autofahren im wahrsten Sinne des Wortes

"immer hundeübel wurde"

und ich immer froh war, wenn ich aus diesem blechernen Gefährt wieder draußen war.

Aber nun ahnte ich Fürchterliches, denn ich wollte einerseits ja unbedingt mein neues Herrchen und Frauchen nicht enttäuschen aber andererseits hatte ich aufgrund der von mir belauschten Gespräche der Beiden ja ganz deutlich gehört, dass wir eine lange Autofahrt vor uns haben und, dass die Beiden wohl auch zuhause des Öfteren mit dem Auto unterwegs sind und deshalb mein Verhalten ganz bestimmt an den Verhaltensweisen ihres vorherigen Hundes messen werden, denn dieser, und das habe ich auch gehört, war wohl ein begeisterter Autofahrer...…

„.…na ja, das konnte ja heiter werden!",

aber was soll's, also:

„Augen zu und durch."

Erwartungsgemäß war natürlich bei diesen Vorraussetzungen der erste gemeinsame Ausflug an die schönsten Küstenregionen im Norden Sardiniens schrecklich für mich und auch für meine neue Familie, denn ich musste natürlich alles erbrechen was ich in mir hatte, aber zum Glück hatten die Beiden wohlweißlich schon vorgesorgt und die hintere Sitzbank entsprechend mit alten abwaschbaren Tischdecken versehen.

So sehr ich mich auch bemühte „gute Mine zum bösen Spiel" zu machen, mir war und blieb es hundeübel und ich hatte leider keinen Einfluss auf diese Situation.

Das wesentlich Schlimmere daran war allerdings die Tatsache, dass sich mein Herrchen und Frauchen auf der Heimfahrt darüber unterhielten was sie denn nun mit mir machen sollten, und ob die beabsichtigte Mitnahme nach Deutschland unter diesen ungünstigen Vorraussetzungen überhaupt noch realistisch sei?!

Da ich aber im Vorfeld meine „Eroberungsarbeit" gründlich erledigt hatte und mich die Beiden trotz der kurzen Zeit schon so sehr in ihr Herz geschlossen hatten, räumten sie mir eine „Galgenfrist" ein und beschlossen, mich weiterhin bei Autofahren mitzunehmen, verbunden mit der Hoffnung, dass ich mich doch noch an das Autofahren gewöhne,

und…….man hält es nicht für möglich, es gelang mir tatsächlich innerhalb der noch verbleibenden restlichen zwei Wochen, mich noch an das Autofahren zu gewöhnen, doch meine „Feuertaufe" erlebte ich schließlich bei einer stürmischen Überfahrt über das Meer, aber das können sie ja in einem anderen Kapitel noch genauer nachlesen.

Das Fazit für mich und auch für andere mögliche Hundebesitzer lautet daher:

Ein willensstarker Terrier muss ganz einfach nur

- seinen „inneren Schweinehund" überwinden,
- ein bestimmtes Ziel vor Augen haben,

um dann nach dem Motto:

„Augen zu und durch"

dieses Ziel anstreben!

Mir ist dies hervorragend gelungen, und ich bin seitdem tatsächlich ein begeisterter Autofahrer, der am Liebsten mit Herrchen und Frauchen unterwegs ist und dem lange Strecken – wie zum Beispiel so einfach einmal zum Urlaub nach Süditalien zu fahren – überhaupt nichts mehr ausmachen.

Die Hauptsache ist, dass ich gemeinsam mit meinem Herrchen und Frauchen in Urlaub fahren darf und die Beiden dann den ganzen Tag für mich alleine habe.

Übrigens bin ich mir bei meiner neuen Familie ganz sicher, dass die mich niemals während des Urlaubes in einem Tierheim oder einer Tierpension abgegeben werden, sondern dass diese Beiden ihre Urlaubsorte und Unterkünfte so auswählen,

….dass auch Hunde wie ich dort

„Willkommen sind!"

Abschied und Überfahrt

Nach drei erlebnisreichen und schönen Urlaubswochen ging leider der Urlaub auf Sardinien zu Ende und es nahte der Zeitpunkt des Abschied nehmen Müssens.

In Anbetracht des endgültigen Abschiedes unseres Hundes von seinem bisherigen Herrchen, Frauchen und deren Sohn verlief dieser natürlich sehr emotional und tränenreich.

Aber derjenige um den es hauptsächlich ging, nämlich unser Scoby, der saß schwänzelnd und erwartungsvoll auf dem Rücksitz unseres Autos und wenn man in seine bernsteinfarbenen treuen Augen schaute, dann signalisierten diese einem:

„Beeilt euch doch bitte und bringt endlich einmal diesen emotionalen Firlefanz des Abschiedes hinter Euch, denn ich habe heute noch Wichtigeres vor als hier die Zeit zu verplempern, denn ich möchte möglichst rasch doch endlich meine neue Heimat kennen lernen".

Nachdem unser Hund noch einmal nach einem kurzen Bad im Meer und einem genussvollen Herumwälzen im Sand bzw. in den am Strand aufgetürmten ausgetrockneten Algenbergen auf seine Art und Weise Abschied von seiner bisherige Heimat genommen hatte, ging die gemeinsame Fahrt zum Fährhafen nach Olbia, wo schon unsere Fähre auf uns wartete.

Da wir uns sowohl für die Hin- als auch für die Rückfahrt für einen hundefreundlichen Carrier entschieden hatten, durften wir mit unserem Pkw im Rahmen von Camping an Bord mit anderen Autos, Wohnmobilen und Caravans auf dem offenen Oberdeck parken, und wir konnten uns deshalb zu jeder Zeit zu unserem Hund ins Auto setzen bzw. mit ihm Borderkundungen auf sämtlichen Decks des Schiffes unternehmen, da er sich an der Leine im Außenbereich des Schiffes überall frei bewegen durfte.

Leider werden diese hundefreundlichen Carrier immer weniger, da diese lieber riesengroße Schiffe einsetzen um den Fährbenutzern bei einer Überfahrt auch ein „Kreuzfahrtambiente" mit allem Luxus bieten zu können,.....„nur die Hunde bleiben auf der Strecke", denn diese kann man nur in einem Hundezwinger an Bord unterbringen, da sie weder in den Innenbereich, geschweige denn in eine Kabine mitgenommen werden dürfen.....aber Gott sei Dank war das damals bei uns noch nicht so.

Meine Frau und ich waren natürlich voller innerer Spannung über das was uns bei der Überfahrt an „Überraschungen" erwarten würde, denn uns war natürlich nicht bekannt, was ein bisher für uns fremder Hund macht, der so viele neue Eindrücke und Erlebnisse – inklusive eines neuen Herrchens und Frauchens – und auch noch eine Überfahrt auf hoher See verkraften muss.

Es war daher umso erstaunlicher, dass sich unser Hund so verhielt als wären wir schon seit vielen Jahren zusammen und es gab überhaupt keine Probleme, egal ob wir ihn im Auto zurück ließen oder mit ihm gemeinsam einen Spaziergang an Bord unternahmen.

Also standen bei der Ausfahrt des Schiffes Herrchen, Frauchen und Hund auf Deck sechs am Bug des Schiffes und genossen gemeinsam die Ausfahrt aus dem Hafen und den wunderschönen von der untergehenden Sonne geprägten Ausblick auf das offene Meer, das ja in den nächsten elf Stunden unser Zuhause sein sollte.

Wir ahnten allerdings zu diesem Zeitpunkt noch nicht, dass dies die einzige positive Erfahrung bleiben sollte, denn aus der eigentlich fahrplanmäßig vorgesehenen elfstündigen Überfahrt und einer Ankunft in den frühen Morgenstunden des nächsten Tages, wurde dann völlig unerwartet eine 28stündige Odyssee auf dem Mittelmeer, und wir kreuzten in stürmischer

See zwischen italienischem Festland, Elba, Korsika und Sardinien hin und her

Aber wie kam es dazu?

Ganz einfach, die Natur spielte nicht mit, denn als wir morgens so gegen fünf Uhr in weiter Ferne mit dem bloßen Auge bereits das Festland erahnen konnten, frischte der Wind urplötzlich auf und die ganze Angelegenheit wurde ganz schön wackelig.

Ernsthafte Gedanken haben wir uns erst dann gemacht, als wir bereits bei sehr stürmischer See vom Kapitän dazu aufgefordert wurden uns allesamt gemeinsam an einem bestimmten ausgewiesenen Notfallsammelplatz auf Deck fünf einzufinden.

Grund dafür war die Tatsache, dass der Hafen von Livorno wegen Sturmwarnung für einlaufende Schiffe geschlossen wurde, so dass der Kapitän in schwerer See zu einem gewagten Umkehrmanöver gezwungen war, um dann irgendwo draußen auf ein Abflauen des Sturmes zu warten.

Und was bedeutete das alles für uns? Es bedeutete, dass wir unseren Hund im Auto lassen mussten um uns wie aufgefordert zu dem bestimmten Sammelpunkt zu begeben.

Nach beruhigenden Worten gegenüber unserem Hund machten wir uns dann mit gemischten Gefühlen auf den sehr wackeligen Weg zu Deck fünf und harrten dort der Dinge die da kommen werden.

Diese Dinge waren allerdings nicht so angenehm, denn das Wendemanöver war in Anbetracht der inzwischen sehr stürmischen See nicht ungefährlich und offenbar war selbst die Mannschat wohl nicht darauf vorbereitet, denn wir standen zufällig in der Nähe der Kombüse und mussten mit Verwunderung feststellen, wie sich bei einer entsprechenden Schräglage und einem Aufbäumen des Schiffes die Kombüsentür öffnete und sich ein Schwall von Dosen, Lebensmitteln, Bestecken, Töpfen und Pfannen auf das Deck ergoss.

Da man in einer solchen extremen Situation offenbar kein Zeitgefühl mehr hat, kann ich nur schätzen, dass wir insgesamt vielleicht eine knappe Stunde auf diesem Sammelplatz verharren mussten bevor wir uns wieder in Richtung unseres Autos begeben konnten.

Voller Erwartung, mit Sorgen und Ängsten sowie sehr gemischten Gefühlen über das, was uns denn „da unten im Auto erwartet" gingen wir langsam und ständig festen Halt suchend die schmalen Treppen zum offenen Parkdeck hinunter, gingen auf unser Auto zu und mussten als Erstes erkennen, dass wir gar nicht in das Innere hineinschauen konnten, da der Wagen in Anbetracht der über das Deck gebrausten Wogen und der Gischt total mit einer Salzkruste überzogen war.

Mit äußerster innerer Anspannung öffneten wir die Tür und…..

…was mussten wir sehen?

Wir sahen unseren Hund in vollster Zufriedenheit zusammengerollt auf der Heckablage liegen, den Blick nach vorne in unsere Richtung gerichtet und dieser Blick sagte uns:

„Es wird aber langsam Zeit, dass ihr wieder kommt, ich habe es mir in der Zwischenzeit gemütlich gemacht und für mich war das alles gar nicht so schlimm,…..ich weiß gar nicht was ihr für Probleme habt?"

Wir schauten uns gegenseitig an und wussten, dass wir gemeinsam – insbesondere unser Hund – mit dieser Situation unsere „Feuertaufe" bestanden hatten, da offensichtlich bereits in dieser kurzen Zeit unseres Zusammenlebens ein so großes Vertrauen in uns gewachsen war und unser Hund sich bereits damals schon in blindem Vertrauen auf uns verlassen hatte.

Wir waren uns deshalb seit dem damaligen Zeitpunkt sicher, dass es in Zukunft eigentlich keine Situation mehr geben dürfte, in welcher unser Scoby an seinem Vertrauen gegenüber uns zweifeln würde.

Unsere unfreiwillige 28stündige Mittelmeer-kreuzfahrt endete schließlich abends gegen 23 Uhr, allerdings beobachteten wir schon eine geraume Zeit vor dem Einlaufen in den sicheren Hafen mit gemischten Gefühlen, dass offen-sichtlich auf dem Festland ein starkes Gewitter tobte,…..

…und richtig, durch dieses Gewitter und die sintflutartigen Niederschläge mussten wir uns auch noch durchkämpfen, da wir an Land und so spät kurzfristig kein Hotel mehr fanden und uns somit entschlossen einfach noch ein Stück weiter zu fahren, denn immerhin war ich als Fahrer nach der 28stündigen „erzwungenen Ruhepause" ja topfit und so konnte sich unser gemischtes Rudel mit Scheibenwischerstufe zwei seinen Weg durch das bergige toskani-sche Hinterland bahnen.

Ich bräuchte es eigentlich gar nicht zu erwäh-nen, denn aufgrund der bisherigen Erlebnisse erwarten sie ja wohl von mir jetzt in jedem Fall die klare Feststellung, dass unser Scoby sowohl

die Irrfahrt auf dem Meer als auch die anschlie-
ßenden restlichen 1.300 Kilometer im Auto
ohne Schaden überstanden hat.

Das stimmt, und ob sie es glauben oder nicht,
seit diesem Zeitpunkt ist außer:

- Fahrradfahren und Walking mit Herrchen,
- oder gemeinsamen Spaziergängen mit Herrchen und Frauchen

„das gemeinsame Autofahren für ihn seine Lieblingsbeschäftigung,"

geworden, und es gibt nichts Schöneres für ihn,
wenn er sich im Vorfeld einer Autofahrt bereits
rechtzeitig vorab auf seinen Platz auf der hinte-
ren Sitzbank begeben und dort auf Herrchen
und Frauchen warten darf,…

…nur muss ich bei dieser Aktion darauf achten,
dass die gegenüberliegende andere hintere Tür
geschlossen ist, da er regelmäßig mit soviel
Freude und Schwung ins Auto springt, dass er
ansonsten bestimmt auf der anderen Seite wieder herausfallen würde!

Was unterscheidet einen normalen Hund von einem Terrier?

Ursprünglich wollte ich dieses Kapitel mit einer anderen Überschrift und inhaltlich völlig anders aufbauen.

Die ursprünglich einmal vorgesehene Überschrift sollte heißen: „Eigenarten und Besonderheiten" und diese sollten dann in alphabetischer Form entsprechend aufgelistet und erklärt werden.

Ich habe mich von dieser Art der Darstellung inzwischen verabschiedet, da mir einerseits der Begriff „Eigenarten" zu negativ besetzt ist, denn selbstverständlich sind natürlich auch Terrier und Terriermischlinge nicht „eigenartig" sondern liebenswerte Geschöpfe, und andererseits hatte ich keine Lust mir teilweise krampfhaft zu allen Buchstaben des Alphabets entsprechende Eigenarten auszusuchen und zu beschreiben, nur weil ich mich einmal dafür entschieden hatte aus jedem Buchstaben eine besondere Eigenart „kreieren" zu wollen.

Seien sie allerdings jetzt nicht irritiert darüber, dass ich jetzt meine Aufzählung trotzdem wieder mit dem Alphabet beginne, aber ich werde nur bei einigen bestimmten Buchstaben auf entsprechende bemerkenswerte Wesensmerkmale eingehen, aber alleine unter dem Buchstaben A kann man nach meinen Beobachtungen zwei Verhaltensweisen subsumieren, die ich bisher bei allen Vertretern dieser Gattung festgestellt habe, nämlich das…..

Anmachen anderer Hunde und die Fähigkeit sich furchtbar **Aufregen** zu können. Sie sehen also, dieser Buchstabe ist bei den Terriern und Terriermischlingen gleich mit zwei Begriffen belegt.

Was das Thema „Anmachen" anbelangt, so muss sich jeder Besitzer eines Terriers oder Terriermischlings darauf gefasst machen, dass zum Beispiel bei einem Spaziergang – ohne offensichtlich erkennbaren Grund – ein entgegenkommender Hund unwahrscheinlich angemacht wird, wobei sie bei diesem Verhalten, bei der „Körpersprache" ihres Hundes durchaus auch zwei gegensätzliche Beobachtungen machen können, denn vorne mit dem Kopf wird fürchterlich gebellt und geknurrt, während hinten am anderen Ende der Schwanz wedelt ?!…..

…da soll man noch durchblicken!

Allerdings werden sie mit großer Wahrscheinlichkeit bei ihrem Hund keine aufgerichteten

Rückenhaare feststellen können, die bei anderen Hunden in vergleichbaren Situationen ein äußeres Zeichen von innerer Angst oder Unsicherheiten sind, denn – das können sie sich mittlerweile bestimmt schon denken – diese besondere Art von Hunden mit denen ich mich in diesem Buch befasse

„kennt halt ganz einfach keine Angst."
(..oder zeigt sie nicht)

Was passiert aber nun wenn sich unser geliebter Vierbeiner im Zusammenhang mit dem bereits angesprochen zweiten Begriff wieder einmal (zum Glück) …..

Aufregen durfte?
Bei jedem anderen Hund ist die Aufregung nach dem Verschwinden des visuellen oder akustischen Aufregungsgrundes (zum Beispiel Hund, Postbote, Klingel usw.) normalerweise relativ schnell vergessen, nicht aber bei einem Terrier, denn der hat noch eine gewisse
„Vor- und Nachglühzeit", die ich bei unserem Hund mit dem Begriff …

Knoddern belegt habe.
Was bedeutet nun aber dieses Knoddern?

„Knoddern" bedeutet in der hessischen Mundart soviel wie brummen, murren, nörgeln bzw. „vor sich hin schimpfen", und genau deshalb ist dieser Begriff auch hundertprozentig richtig für dieses Geräusch bzw. das Getue, das man bei einem Terrier in der Regel sowohl vor als auch nach einem Ereignis einen größeren Zeitraum lang hören und beobachten kann.

Unser Scoby setzt das Knoddern in den Fällen ein, bei denen die Aufregung noch nicht so groß ist, dass sich einerseits richtiges Bellen rentieren würde aber andererseits kann natürlich ein bestimmtes Geräusch – wie zum Beispiel eine zugeschlagene Autotür vor dem Haus – von einem Terriermischling nicht so ohne Weiteres ohne akustischen Kommentar akzeptiert werden,

....und deshalb wird dann **geknoddert!**

Es beginnt damit, dass man glaubt sein Hund habe einen Schluckauf, man wird aber bald eines Besseren belehrt, denn dieses Schluckauf Geräusch wird in der nächsten Stufe mit einem leicht knurrenden Geräusch untermalt und dann noch durch ein mehr oder weniger lautes mehrmaliges „Wuff" ergänzt.

Situationsabhängig gehen dann entweder diese Geräusche in ein lautes Bellen über – wenn zum Beispiel der Verursacher des Türschlagens tatsächlich zu uns möchte und die Klingel betätigt – oder, wenn dies nicht geschieht, dann schwellen diese Geräusche in der umgekehrten Reihenfolge nach und nach „langsam" wieder ab,

….allerdings dauert das schon eine gewisse Zeit, ….aber zum Glück wissen wir ja dann zumindest, dass unser Hund nicht krank ist und keinen Schluckauf hat sondern ganz einfach nach einem Terriermotto verfahren ist, das da heißt:

„Wenn ich mich aufregen will, dann rege ich mich auf!"….

….und sie bekommen auch dieses Knoddern einfach nicht weg,……damit müssen sie leben!

Als nächste willkürlich herausgegriffene Besonderheit fällt mir der

Jagdtrieb ein.
Glauben Sie bitte Keinem, der Ihnen vormachen will, dass sie bei einem Terrier oder Terriermischling einen bereits vorhandenen Jagdtrieb komplett weg trainieren können,….das geht nicht.

Sie können zwar durch den Besuch einer Hundeschule und durch das Absolvieren entsprechender Trainingsprogramme mit guten Hundetrainern diesen Jagdtrieb minimieren, aber letztlich müssen sie immer damit rechnen, dass sich ihr Hund plötzlich und unerwartet für eine gewisse Zeit „von ihnen verabschiedet" wenn – wie es bei uns der Fall war – zufällig ein Rebhuhn, ein Fasan oder ein Eichhörnchen den Weg kreuzt, deren Duft in die Nase ihres Lieblings gerät......und dann brauchen Sie nichts anderes mehr als „unendliche Geduld", ...aber sie können sich sicher sein, ihr Hund kommt wieder zurück, denn er liebt sie ja und will ja nicht von ihnen wegrennen, denn er gibt ja nur seinem ureigensten Instinkt nach und möchte ganz einfach Jagen und das Schönste,.....

...sie dürfen ihn noch nicht einmal schimpfen, geschweige denn bestrafen, denn er kommt ja Schwanz wedelnd und mit Freude wieder zu ihnen zurück!

Exkurs „Borderterrier"

Sollten sie allerdings – so wie wir – Besitzer eines Terriermischlings sein, in dem ein gewisser großer Anteil eines „Borderterriers" steckt, dann müssen sie das Thema Jagdtrieb noch etwas differenzierter sehen.

Borderterrier, die ursprünglich für die Fuchsjagd per Pferd gezüchtet wurden, sind einerseits völlig furchtlos, klein und stämmig um auch in einem Fuchsbau zurecht zu kommen, aber andererseits auch mit einer solchen ausdauernden Energie ausgestattet, dass sie problemlos bei einer Jagd mit dem Galopp der Pferde mithalten konnten (…und auch heute noch können).

Sie müssen sich weiterhin klar machen, dass aufgrund der „Borderterrieranteile" ihr Hund beim Weglaufen nicht einem potentiellen neuen Spielgefährten nachrennt um diesen zum gemeinsamen Herumtollen einzuladen, nein, er war und ist ein Jagdhund mit einem hervorragend ausgestatteten Gebiss.

Dieses Gebiss – so hart es klingt – war eigentlich einmal zum Töten der Beute ausgelegt, und in der Regel ist deshalb dieses Verfolgen eines flüchtenden Tieres, egal ob Fasan, Rebhuhn oder Hase, für den Verfolgten kein Spaß und mit großer Wahrscheinlichkeit dessen letzte körperliche Anstrengung in seinem Leben.

Unsere Familie erinnert sich auch heute immer noch an den ersten Ausreißversuch unseres Hundes Scoby, nachdem wir diesen erst kurz besaßen, von diesen Eigenarten noch nichts wussten und ihn zum Spielen mit anderen Hunden von der Leine los machten.

Aufgeschreckt oder angeregt – ich vermute eher angeregt – durch irgendeine Fährte rannte unser Hund ohne Verabschiedung weg…..und er wurde über eine Stunde nicht mehr gesehen, man konnte allerdings seinen jeweiligen Standort ungefähr erahnen, denn dort wo ziemlich aufgeregt und mit viel Gezeder Fasane und Rebhühner aufgeregt herumflogen, ...

....da musste unser Scoby irgendwo in der Nähe sein.

Als meine Frau und ich uns schließlich auf den Heimweg machten, kam uns eine Bekannte mit ihren Hunden entgegen und berichtete, dass sie unseren Scoby gesehen habe und dieser mit freudig erhobenem Schwanz auf dem Weg zu uns nach Hause sei, allerdings.......

...mit einem herrlichen Fasan im Maul!

Bei einem kurze Zeit später erfolgten anderen Spaziergang – diesmal mit Scoby an einer einige Meter langen Ausziehleine – sprang er plötzlich und ohne Vorwarnung in einen Wacholderstrauch am Wegesrand, man hörte fürchterliches Geschrei und Geflatter und unser Hund kam mit sehr viel Federschmuck im Gesicht aus diesem Busch zurück und ich konnte nur noch einen ausgewachsenen Fasan in „fluchtartigem Steigflug" erkennen, allerdings dürfte dies seitdem der einzige Fasan in Rheinhessen sein, der seit diesem Zusammentreffen mit Scoby...

...mit einem ungefiederten und nackten Hinterteil durch die Gegend fliegen muss!

Nachdem sich Hunde, aber auch andere Terrier, in der Regel damit begnügen anderen Hunden, Tieren, Radfahrern oder Joggern hinterher zu rennen und zu erschrecken, hat der Jagdtrieb eines Borderterriers auch in diesem Zusammenhang noch eine andere „Qualität", denn ein Borderterrier hat darüber hinaus auch noch:

- Mopeds,
- Autos,
- Lastwagen,
- und Busse oder Traktoren

auf seiner Jagdliste stehen, und er wird auch hinter diesen herjagen, wenn ihn zum Beispiel das Geräusch eines solchen Gefährts aufregt oder ihm ganz einfach danach zumute ist.

Ich habe sie liebe Leser mit den Ausführungen in diesem Kapitel hoffentlich nicht allzu sehr erschreckt und deshalb will ich ihnen zum Schluss dieses Kapitels „Mut machen" sich einem solchen Hund zu stellen, denn wenn sie:

- seine Eigenarten kennen,
- mit diesen umgehen können,

- und bereit sind einen großen Teil des Tages gemeinsam mit ihrem Hund aktiv zu verbringen,

....dann gibt es keinen besseren Hund, denn die Ergebenheit, Treue und Familienanhänglichkeit eines Borderterriers bzw. eines entsprechenden Mischlings ist nach unseren Erfahrungen von keinem anderen Hund zu überbieten.

Angriff ist die beste Verteidigung

Sie müssen sich als stolzer Besitzer eines Terriers bzw. eines Terriermischlings bewusst sein, dass ihr Hund aufgrund seines Wesens, egal in welcher Situation, immer „für Überraschungen gut ist" und wesentlich mit dazu beiträgt, dass es ihnen nicht zu langweilig wird, denn er nutzt gerne jede Gelegenheit dazu, eine eigentlich ruhige unkomplizierte Situation „aufzumischen", egal ob auf dem Hundeplatz oder bei einem ganz normalen Spaziergang……..

„…langweilig wird es ihnen mit einem solchen Hund nie werden".

Ein Wesensmerkmal, welches ich bei unserem Scoby festgestellt habe heißt:

„Angriff ist die beste Verteidigung!"

Was bedeutet das?

Es bedeutet zunächst einmal, dass sich in der Regel kein Terrier eine Situation aufdrängen lässt, sondern, dass er lieber die Zügel selber in der Hand hält und bestimmt wo es entlang geht.

So war es auch bei unserem Scoby. Er ließ keine Gelegenheit aus, sich mit anderen Hunden anzulegen, und am Liebsten tat er dies dann auch noch bei wesentlich größeren Hunden, und damit es auch richtig Spaß machte, am Besten gleich mit mehreren Hunden.

Da mir als ehemaligem Zeitsoldat der Begriff „Angriff ist die beste Verteidigung" aus anderen strategischen Zusammenhängen heraus bekannt war, wurde mir nach einer gewissen Zeit der Beobachtung unseres Hundes zunehmend klarer, dass das Verhalten unseres Hundes möglicherweise im tiefsten Inneren von Ängsten und Unsicherheiten geprägt war, die er natürlich aufgrund seines Wesens nicht zeigen durfte und wollte.

Aus diesem Grunde entschied sich unser Hund immer dafür die Situation selber zu bestimmen in dem er selber „zum Angriff" überging, denn somit hatte er ja den „Überraschungseffekt" auf seiner Seite,…und das war schon immer etwas wert.

Gesagt getan, aber was macht man mit einer solchen Situation wenn man sich nicht mit seinem Hund im Haus einschließen oder nur nachts spazieren gehen will, wenn keine anderen Hunde mehr unterwegs sind??

Ein heute oft gebrauchtes Verfahren ist die „Desensibilisierung", das hört sich zwar furchtbar geschwollen an, heißt aber nichts anderes, als den Hund langsam mit Situationen zu konfrontieren, bei welchen er nicht adäquat reagiert.

In unserem Falle bedeutete dies, dass wir unseren Scoby so oft wie möglich mit vielen anderen fremden Hunden zusammenbringen mussten um ihm Gewissheit zu verschaffen, dass nicht alle anderen Hunde böse und aggressiv sind und ihm an den Kragen gehen, ….sondern vielleicht nur spielen und herumtollen wollen, und das hieß im Klartext:

„Ab in die Hundeschule,"

zum Einzel- und Gruppenunterricht bzw. zur „Spielstunde".

Den schwierigsten Teil der Hundeausbildung hatte meine Frau mit unserem neuen Hund durchzustehen, denn die ersten zehn Einzelstunden mit der Hundetrainerin fanden werktags und tagsüber statt, so dass ich aus beruflichen und terminlichen Gründen diese Stunden nicht wahrnehmen konnte……

….und da ist mir tatsächlich etwas entgangen! (..oder auch nicht)

Unsere Hundetrainerin mit viel Erfahrung mit schwierigen Hunden war nach den ersten gemeinsamen „Spaziergängen" mit unserem Scoby mit ihren Nerven total am Ende, denn so etwas hatte sie mit ihren eigenen Worten „noch nicht erlebt",….nämlich, dass sich ein Hund beim Entgegenkommen eines anderen Hundes so aufregen kann, dass er vor lauter Aufregung hoch springt – und das konnte schon bis zu einem Meter hoch sein – in der Luft herumwirbelt und sich dabei aus seinem Brustgeschirr befreit, um seinem Gegenüber zu verdeutlichen wer hier das Sagen habe!

Wir hatten aber auch gelernt – und das hat sich schließlich ja auch bewahrheitet – dass wir die Hoffnung nicht aufgeben durften, denn die Veränderung eines solchen Verhaltens verlangt von beiden Seiten Geduld, viel Liebe, Verständnis und das alles beseelt von der Hoffnung auf eine Veränderung!

In den Arbeitsgruppen zum Erlernen des so genannten Grundgehorsams und in den Spielstunden war unser Scoby gemeinsam mit seinem Herrchen zugange, da diese an den Wochenenden stattfanden, aber auch dort „arbeitete" und „spielte" unser Scoby über ein halbes Jahr lang zur Sicherheit der anderen Hunde nur mit Maulkorb.

Aber ob man es glaubt oder nicht, auch diese Zeit ging vorüber und nach ca. einem halben Jahr war die lästige Maulkorbzeit vorbei und unser Hund hatte gelernt, dass er nicht immer alle anderen Hunde anmachen muss,……..die Ausnahmen bestätigen allerdings auch heute immer noch die Regel, denn es gibt auch heute noch den einen oder anderen Hund, den mag unser Scoby überhaupt nicht, bzw. umgekehrt.

Aber als Herrchen sei hier angemerkt, dass ich mit dieser eher seltenen Reaktion meines Hundes keine Probleme habe, denn auch ich kenne Menschen mit denen ich nicht gerne etwas zu tun haben möchte und denen ich deshalb aus dem Weg gehe,…

…..„und warum sollte ich dieses Recht nicht auch meinem Hund zugestehen?"

Die Hundeschule

Ein anständiger und braver Hund, und so einer wollte ich ja eigentlich auch werden, muss natürlich auch gehorchen, obwohl dies natürlich meinen tief in mir schlummernden „Terriergenen" total gegenläufig war, aber was soll's, ich habe mein Herrchen und mein Frauchen gerne, machte deshalb gute Miene zum bösen Spiel und erklärte mich schließlich damit einverstanden gemeinsam mit Herrchen oder Frauchen eine Hundeschule zu besuchen um mich dort einmal im Rahmen von Einzel-, bzw. Gruppenunterricht auf „Vordermann" bringen zu lassen.

Ich gebe ja auch im Nachhinein zu, dass mir dies zunächst aufgrund meiner bisherigen Biographie und der über zweijährigen Erfahrungen beim Herumstrolchen in freier Wildbahn nicht so recht passte, aber im Laufe der Zeit habe ich dann auch bemerkt, dass es sich offensichtlich mit weniger künstlicher Aufregung und ohne ständiges unnötiges Produzieren von Adrenalin oder Testosteron auch ganz angenehm leben ließ, und so lernte ich, mich nur dann richtig aufzuregen, wenn es …

(..aus meiner Sicht) wieder einmal notwendig wird, und ich glaube ich kann sagen, dass das bis zum heutigen Tag ab und zu immer noch vorkommt, aber offensichtlich in einem solchen Maße, dass mein Herrchen und mein Frauchen gut damit leben können und mit mir zufrieden sind.

Aber was musste ich bis dahin alles über mich ergehen lassen?!

Zunächst einmal waren da in der Hundeschule ganz viele Hunde die ich sowohl von ihrem Aussehen als auch von Ihrer Rasse überhaupt nicht kannte, und ich als so genannter „wilder Raubautz" (Anm.: so nennt mich mein Herrchen) musste dann am Anfang jeder Stunde wohlgesittet in einem offenen Kreis mit anderen teilweise gut gestylten Rassehunden sitzen und mir die Ziele der folgenden Stunde anhören.

Und was musste ich da alles lernen, denn zu den Grundgehorsamsübungen gehören natürlich die Kommandos: Sitz, Platz, Komm, Nein, Aus, bei Fuß, bei Hand usw.

....und das Schlimmste für mich, **„das alles in deutscher Sprache",** das heißt im wahrsten Sinne des Wortes, ich armer Hund musste nicht nur lernen auf Kommandos erfolgreich zu reagieren sondern ich absolvierte sozusagen so „ganz nebenbei" auch noch einen Sprachkurs Italienisch / Deutsch.

Da haben es die Menschen tatsächlich doch viel leichter, denn wenn die sich in der VHS für einen Sprachkurs anmelden, müssen sie nicht gleichzeitig parallel dazu auch noch lernen ihr Verhalten zu ändern bzw. Gehorsamsübungen absolvieren.

Ich kann ihnen aber jetzt schon an dieser Stelle des Buches verraten, dass ich das alles ohne einen seelischen Schaden überstanden habe und die Kommandos „im Großen und Ganzen" befolge, es sei denn, es kommt mir plötzlich etwas anderes Wichtigeres in den Sinn, das mich als Terriermischling wesentlich mehr interessiert als irgendeinem Kommando zu folgen.

Zusammenfassend kann ich daher aus meiner Sicht sagen, dass es sich für Herrchen und Frauchen eines Terriers oder Terriermischlings durchaus lohnt eine Hundeschule zu besuchen, denn die Arbeitsstunden mit anderen Hunden und an der Seite meines Herrchens waren im Nachhinein sehr schön, denn ich wurde ja für jedes gut ausgeführte Kommando mit lieben Worten, vermehrter Zuneigung und „Leckerli" belohnt, so dass es bis zum heutigen Tage tatsächlich immer noch richtig Spaß macht zu Folgen, um dann Herrchen und Frauchen von unten, schräg nach oben blickend, mit meinem treuen Blick anzuschauen und sie gemäß dem Motto:

„Habe ich das nicht gut gemacht?",

aufzufordern, mich dafür doch mit Streicheleinheiten oder einem Leckerli zu belohnen.

Dass ich als Terriermischling natürlich nach wie vor ein etwas anders Verständnis vom Befolgen der Grundkommandos habe, das konnten sie ja schon in dem Kapitel „Hunde gehorchen, Terrier überlegen" erfahren.

Ich liebe mein Herrchen und mein Frauchen

Mein Herrchen und mein Frauchen erklären anderen Leuten immer, sie seien fest davon überzeugt, dass ich wisse wie gut es mir in meiner neuen Heimat geht und sie sind ebenfalls fest davon überzeugt, dass ich dafür dankbar sei………

…und damit haben sie durchaus Recht!"

Wie bringt aber nun ein mittelgroßer, wild aussehender und strubbeliger Hund seine Dankbarkeit gegenüber Herrchen und Frauchen zum Ausdruck, denn ich kann doch nicht sprechen?

Aber ich bringe meine Dankbarkeit halt auf meine Art und Weise zum Ausdruck, indem ich zum Beispiel Haus und Garten bewache und Katzen verjage, die ihre unsympathischen und stinkenden Häufchen ausgerechnet in unsere Gartenbeete machen wollen.

Ich rege mich „aus Wachsamkeitsgründen" auch dann immer furchtbar auf, wenn sich Personen unserem Haus nähern, die mir aufgrund ihres äußeren Aussehens „suspekt" erscheinen, und zu diesem Personenkreis zählen unter anderem kleinere ältere Männer, nach Möglichkeit auch noch mit einer Mütze auf dem Kopf, denn mit solchen Menschen (Anm.: So sahen früher meistens die Hirten auf Sardinien aus) habe ich in meinem bisherigen Leben schlechte Erfahrungen gemacht, (..die aber auch mit mir!) da die mich immer verjagten, mich mit Fußtritten attackierten oder auf mich schossen.

Aber, werden sie jetzt möglicherweise fragen, was hat das alles hier unter der Überschrift „Ich liebe mein Herrchen und mein Frauchen" zu tun?

Das kann ich ihnen ganz einfach beantworten, denn indem ich mich zum Beispiel bei diesen suspekten Personen aufrege, belle, knurre und vielleicht auch noch etwas anders machen würde, bewache und beschütze ich natürlich meine restlichen Rudelmitglieder und das ist selbstverständlich ein äußerer Ausdruck meiner Liebe und Zuneigung zu diesen Beiden, denn man beschützt ja nur jemanden, den man auch wirklich lieb hat..........

...und dabei ist es mir natürlich völlig egal, dass es sich bei diesem von mir erwähnten Personenkreis in der Regel keinesfalls um böse sardische Hirten handelt, sondern um normale Passanten oder Spaziergänger, aber das tut

nichts zur Sache, die Hauptsache ist, dass ich
wieder einmal beweisen konnte

„was für ein guter und lieber Hund ich bin!"

Ein anderes Thema ist der tief in mir schlum-
mernde „Beschützerinstinkt", den mein Herr-
schen auch dann zu spüren bekommt wenn er
gar nicht damit rechnet und zum Beispiel im
Urlaub einmal ungestört im Meer baden will!

Da ihnen ja mittlerweile bekannt ist, dass ich
die ersten zwei Jahre meines Lebens auf Sardinien verbracht habe, liebe ich verständlicherweise Wasser und zwar in jeglicher Art und
Weise, angefangen von gut gefüllten Wasser-
pfützen über Bäche und Flüsse bis hin zum
geliebten Meer.

Ich weiß allerdings auch, dass Wasser gefährlich sein und man darin auch ertrinken kann, so
dass ich als guter Schwimmer unbedingt anderen Personen helfen muss wenn diese in „See-
not" geraten sind, und dies gilt natürlich insbesondere für Personen die ich besonders liebe,
wie zum Beispiel mein Herrchen.

Bei unserem ersten gemeinsamen Urlaub in
Süditalien waren wir drei jeden Tag am Meer
und Strand unterwegs, und ich konnte meine
Badegelüste voll und ganz ausleben.

Obwohl es erst April war wagte sich an einem herrlichen Sonnentag bei einem dieser Strandausflüge auch mein Herrchen in's Wasser und da ich mich gerade zuvor genügend ausgetobt und im Wasser abgekühlt hatte, ruhte ich mich in diesem Augenblick mit Frauchen am Strand aus,...........aaaaaber was musste ich da plötzlich sehen?

Mein Herrchen ging ganz normal in's Meer aber dann wurde der plötzlich immer kleiner und drohte in den Fluten zu versinken, denn ich sah nur noch seinen Oberkörper mit Kopf und kurz darauf nur noch seinen Kopf, also.....

„höchste Alarmstufe",

denn da musste etwas passiert sein und deshalb musste ich natürlich sofort meinem Herrchen helfen und ihn aus dieser Situation retten.

Das heißt, ich stürmte davon, stürzte mich wagemutig ins Meer und schwamm mit all meinen Kräften auf mein Herrchen zu,....aber mit was rettet ein Hund ohne einen Rettungsring zur Hand zu haben sein Herrchen?

„Natürlich mit seinen Zähnen!"

Das heißt, mein Herrchen musste es sich in dieser „lebensbedrohlichen Notsituation" gefallen lassen, dass ich ihn dezent aber trotzdem spürbar – so meinte mein Herrchen im Nachhinein – an seinem Unterarm erfasste um mit ihm dann gemeinsam zum rettenden Ufer zurück zu schwimmen.

Ich verstehe allerdings bis heute nicht, warum mein Herrchen ständig versuchte sich von meinem Rettungsgriff zu befreien und dies alles als schmerzlich empfunden hat,……denn das war immerhin die schwierigste Rettungsaktion in meinem bisherigen Hundeleben,…..und was bedeuten denn da die paar blauen Flecken, die mein Herrchen danach an den Unterarmen hatte gegenüber einem geretteten Leben,…..

„ein Terrier wäre da unempfindlicher!"

Ich verstehe deshalb bis zum heutigen Tag nicht, warum ich seitdem von meinem Frauchen am Strand fest gehalten werde, wenn mein Herrchen wieder einmal im Meer baden und etwas weiter hinaus schwimmen möchte,…

….denn ich handele doch nur im Sinne von Kim Casali, bekannt durch ihre Aphorismen zum Thema "Liebe ist",….

....denn mein Lieblingsspruch von ihr heißt entsprechend:

„Liebe ist......
wenn man sich zum Anbeißen findet!"

Ich freue mich dann aber trotzdem immer wieder riesig, wenn ich losgelassen werde sobald Herrchen im seichten Wasser wieder aufrecht gehen kann und ich ihn zum Glück wieder in voller Größe von Kopf bis Fuß vor mir sehe.

Sie sehen also, dass ich als äußeres Zeichen meiner Liebe zu meinen beiden menschlichen Rudelmitgliedern in meinem Hundeleben sehr viel riskiere und mich körperlich stark dafür einsetze, dass weder den Beiden noch unserem gemeinsamen Eigentum Schaden zugefügt wird.

Ich verstehe deshalb zum Beispiel auch keinen Spaß wenn ich, alleine im Auto sitzend, bemerke, dass sich irgendjemand auf unser Auto zu bewegt oder ihm zu nahe kommt, denn dann werde ich fuchsteufelswild und mache solange Krawall bis „die Gefahr" vorüber ist.

Sie merken also spätestens jetzt, ich bin ein durchaus liebenswerter Hund, der sich aus Liebe zu seinem Herrchen und Frauchen des Öfteren in Gefahr begibt, um sie in der heutigen gefährlichen Zeit vor Ungemach und Unbill zu schützen……

….aber dafür bekomme ich von den Beiden in der Regel nicht nur eine gute Versorgung sondern ebenfalls auch die entsprechende Portion Liebe und Zuneigung zurück…..

….und dafür lohnt sich doch das gefährliche Leben eines liebevollen Hundes!!

Oder?

Die Körpersprache

Ich bemerke oft beim Spazierengehen mit unserem Hund, dass andere Hundebesitzer offensichtlich überhaupt keine Ahnung davon haben was in ihrem Hund vorgeht, mit welchen Reaktionen man in Kürze rechnen muss, und wie er dies vorher über seine Körpersprache und sein Verhalten zum Ausdruck bringt.

Sollte dann etwas Unvorhergesehenes passieren, dann hört man leider allzu oft nur laute und immer schriller werdende Kommandos, nur....

.......der Hund regiert nicht.

Es spricht nichts dagegen, dass Hundehalter, deren Hunde gehorchen und auf Kommandos hören, diese auch frei laufen lassen.

Allerdings gibt es auch solche Hundebesitzer, die ihre Vierbeiner einfach gedankenlos frei laufen lassen, um dann bei einem unvorhergesehenen Zwischenfall völlig verdutzt zu sagen:

„Das hat der aber noch nie gemacht!!"

Da ich diese Äußerungen aufgrund leidvoller und für unsere bisherigen Hunde schmerzvollen

Erfahrungen nicht mehr einfach so hinnehmen will, soll dieses Büchlein auch dazu beitragen, Hundebesitzern anhand weniger Beispiele vor Augen zu führen auf welche „Körpersignale" man unbedingt bei seinem vierbeinigen Liebling achten sollte.

Aber seien sie jetzt bitte nicht besorgt, denn ich werde Ihnen die hoffentlich bis jetzt amüsante Lektüre dieses Buches nicht durch seitenlange theoretische Informationen und Ratschläge verderben, da jeder Hundebesitzer bei Bedarf und Interesse ja entsprechende Kurse bei guten Hundeschulen oder Hundetrainern besuchen kann.

Ich möchte ihnen vielmehr in diesem Kapitel einfach anhand von ein paar wenigen Beispielen aufzeigen, dass die Kenntnis bestimmter Ausdrucksformen der Körpersprache ihres Hundes kein großes Geheimnis ist.

Wichtig ist in jedem Fall die Beobachtung ihres Hundes, damit man beim Erkennen bestimmter „Signale" rechtzeitig und richtig reagieren kann, um sowohl sich als auch dem Hund unnötigen Ärger und Stress zu ersparen.

Aber was sind denn nun die wichtigsten Merkmale für ein hoffentlich stressfreies Zusammenleben zwischen Mensch und Hund?

Konfliktpotenzial bergen Hunde in sich, deren Besitzer sich weder Gedanken über die Stärke ihres Hundes gemacht haben, noch darüber Bescheid wissen wie er in bestimmten Situationen regiert und welche Kräfte er entwickeln kann, das heißt also im Klartext,…

…man schickt zum Beispiel seinen Hund, in der Größenordnung eines Schäferhundes, einfach einmal mit Nachbarkindern zum Gassi gehen oder man lässt ihn ganz einfach ohne Leine in der Gegend herumspazieren, ohne sich bewusst darüber zu sein was alles passieren kann.

Und solche Hundehalter mit ihren Hunden erkennt man hoffentlich schon rechtzeitig beim Entgegenkommen, sodass man hier – im Interesse seines Hundes – vorsichtig sein sollte, das heißt, vorsorglich seinen Hund mit der Leine an sich heranführen, um ihn besser „unter Kontrolle" zu haben.

Kennzeichnend für den herannahenden völlig sorglosen anderen Hundebesitzer ist dann zur Krönung der ganzen Situation auch oft noch ein bereits aus der Ferne zugerufener gut gemeinter Hinweis der besonderen Art:

„Der macht nichts, keine Angst",…….

aber dann ganz plötzlich entgleist die Situation und der angeblich so liebe Hund beginnt zu raufen oder es beginnt schlimmstenfalls eine Beißerei und Herrchen oder Frauchen steht fassungslos dabei, und das Einzige was man dann hört ist die Aussage: „Das verstehe ich nicht, das hat der noch nie gemacht."

Da ich gerne auf meine Art etwas gegen dieses von mir benannte

„Das hat der noch nie gemacht Syndrom"

machen möchte, gebe ich ihnen einfach ein paar Tipps damit sie erkennen können ob sich eine gefährliche Situation anbahnt oder nicht.

Aber woran erkennt man das?

Ganz einfach „am Schwanz!",

....und zwar ganz egal ob am eigenen oder am entgegenkommenden fremden Hund.

Von einem „freudig" wedelnden Schwanz mit einem freudig erregten und interessierten Hund vorne dran geht in der Regel keine große Gefahr aus.
(Anm.: Außenseiter und nicht sozialisierte Hunde gibt es natürlich auch.)

Anders verhält es sich dann, wenn ein Hund:

- seinen Gang verlangsamt,
- den Schwanz hängen lässt, bzw. zwischen den Hinterläufen einklemmt und dann
- auch noch die Nacken-, bzw. die gesamten Rückenhaare aufstellt („Irokesenhaarschnitt").

Diese Anzeichen sind ein untrügliches Zeichen dafür, dass der Hund ängstlich ist bzw. aggressiv werden kann, denn auch ein ängstlicher Hund kann dazu neigen seine Angst zunächst durch aggressives Verhalten zu kaschieren.

In diesen Fällen sollten sie vorsorglich Vorsicht walten lassen, die beiden Hunde und ihre Reaktionen weiter beobachten und wenn möglich trotzdem ein „kontrolliertes Annähern" und Beschnuppern zulassen, es sei denn, dass sich beide Hunde so wild aufführen, dass ein solcher Versuch keinen Sinn macht.

Aber trotzdem sollten sie nach dem Motto:

„Steter Tropfen höhlt den Stein"

auch bei der nächsten Begegnung mit anderen Hunden nicht resignieren und ausweichen sondern weitere „kontrollierte Annäherungsversuche" zulassen, denn nichts ist für ihren Hund wichtiger, als ihm rechtzeitig und dauerhaft Erfahrungen und Kontakte mit anderen Hunden zu gestatten.

Und ob sie es glauben oder nicht, mit entsprechendem konsequenten Verhalten, mit lobenden Worten und sofortigem Belohnen für gutes erwünschtes Verhalten (...und sei es noch so gering) gelingt es in den meisten Fällen, dass die Hunde sich künftig adäquat verhalten.

Dies gilt insbesondere für den nicht zu unterschätzenden Anteil an „ängstlich aggressiven" Hunden, die trotz der oben erwähnten ersten Reaktionen nach einer gewissen Zeit merken, dass sie keine Angst haben müssen und durchaus mit ihrem Artgenossen auch spielen können,

..aber das braucht seine Zeit und viel Geduld!

Und jetzt,

„viel Glück bei der Erziehung"

Anleinen ja oder nein?

Trotz des überwiegend amüsanten und heiteren Ansatzes dieses Büchleins möchte ich mich in diesem Kapitel mit einigen **„Eigenarten von Hundebesitzern"** auseinandersetzen, die zum Fehlverhalten ihrer Hunde führen, was aber nicht dem jeweiligen Hund zugeschrieben werden kann.

Wie bei keinem anderen Thema unterscheiden sich hier die Geister nach wie vor sehr stark und das Problem dabei ist, dass es tatsächlich keine hundertprozentig richtige Aussage zugunsten oder gegen das Anleinen gibt, denn vor dem jeweiligen individuellen Hintergrund kann sowohl das Eine als auch das Andere richtig sein.

Erschwerend kommt hinzu, dass – außer den individuellen Merkmalen – auch noch situationsbedingte Aspekte mit berücksichtigt werden müssen.

Beim Thema Anleinen oder Frei laufen lassen werden sie in den allermeisten Fällen mit einer Standardantwort – besser gesagt mit einer faulen und bequemen Ausrede – konfrontiert, nämlich von bestimmten Hundebesitzern, die sich bisher überhaupt noch keine Gedanken über eine notwendige individuelle, hundespezifische Erziehung gemacht haben und plötzlich nach einem unangenehmen Angriff oder einer Beißattacke ihres Hundes allen Ernstes erklären:

„Das wäre alles nicht passiert, wenn beide Hunde nicht angeleint gewesen wären!"

Und diese Aussage wird dann auch noch vorwurfsvoll gemacht, obwohl sie als verantwortlicher Hundebesitzer – zum Beispiel bei einem Spaziergang in der freien Flur – ihren Hund nur deshalb an der langen Leine haben, weil sie wissen, dass er einen ausgeprägten Jagdtrieb hat.

Ich möchte keinesfalls den Eindruck erwecken als seien meine Frau und ich die perfekten Hundebesitzer, die alles immer richtig machen oder besser wissen und mit erhobenem Zeigefinger den Anderen zeigen was richtig ist, das ist nicht unsere Welt, denn auch unsere bisherigen Hunde sind im Laufe ihres Hundelebens – trotz hoffentlich guter Erziehung – selbstverständlich auch das eine oder andere Mal „ausgebüchst".

Ich habe allerdings etwas gegen jene Hundebesitzer, die ihren Hund ohne weitere Überlegungen in Wald und Flur frei herumlaufen lassen, und ich hege besondere Abneigung gegenüber jenen Zeitgenossen, die dann sogar noch am

Wegrand stehen und sich darüber freuen wenn ihr Hund einem Hasen oder jungen Reh nachjagt und – darauf angesprochen – dann mit einem Brustton der Überzeugung sagen, dass ihr Hund doch

„seine Bewegung brauche."

Ich möchte an dieser Stelle auch noch eine Episode zum Thema Anleinen erwähnen, über die wir alle im Nachhinein schmunzeln, aber dieses Erlebnis hätte auch wesentlich dramatischer ausgehen können.

Meine Frau und ich waren, kurz nachdem wir unseren neuen Hund hatten, zusammen auf einem Spaziergang als wir einen entgegenkommenden freilaufenden Hund mit seinem Herrchen sahen. Dieser Hund ging zwar ziemlich „bei Fuß" aber beim Näher Kommen sahen wir, dass es sich offensichtlich um einen so genannten Kampfhund handelte.

Vorsorglich holte ich unseren an einer Ausziehleine angeleinten Hund zu mir zurück und wir waren schon froh, dass nichts passierte,......aber in dem Augenblick als der andere Hund direkt neben uns war, stürzte er sich ohne Grund auf unseren Scoby und biss sofort zu!

Und was macht man dann als Herrchen, das einerseits über eine gewisse Portion Hundeerfahrung verfügt andererseits aber seinen Hund liebt?

„Man reagiert emotional und falsch!",

denn unser Scoby schrie so laut, dass ich ernsthaft davon ausging, dass er schwerste Verletzungen erleidet bzw. tot gebissen wird und deshalb ging ich dazwischen und...

….. wurde prompt in die Hand gebissen!

Nachdem wir wegen möglicher Tierarztrechnungen die Anschriften ausgetauscht hatten, gingen wir (Anm.: Herrchen mit blutender Hand und Scoby zum Glück offensichtlich unverletzt) nach Hause und danach ging „das Herrchen" zum Arzt!

Da wir nicht wussten ob der andere Hund gegen Tollwut geimpft war, dies aber für meine weitere Behandlung sehr wichtig war, musste ich zur Abklärung dieser Frage den „gegnerischen Hund" und sein Herrchen im Nachbarort aufsuchen.

Da die Beiden im ersten Stock eines Hauses wohnten war ich zunächst erstaunt darüber, dass die weiß gefliese Treppe nach oben sehr viele rote Bluttropfen aufwies?!

Der Besuch hatte zum Ergebnis, dass es sich bei dem anderen Hund tatsächlich um einen Staffordshire Bullterrier handelte,…aber er war zum Glück geimpft.

Was mich allerdings trotz meiner Verletzung – und hier sei einmal Schadenfreude erlaubt – besonders gefreut hat ist die Tatsache, dass unser offensichtlich schauspielerisch begabter italienischer Hund den „Kampfhund" nicht unwesentlich verletzt hat,

„Richtig so!"

Und seitdem wissen wir auch, dass unser „vierbeiniges italienisches Rudelmitglied" nach wie vor ein Südländer und Schauspieler ist und deshalb manchmal theatralisch gewisse Dinge maßlos übertreibt!

Trotz dieser amüsanten Zwischeneinlage ärgere ich mich nach wie vor darüber, dass durch das Verhalten solcher Hundebesitzer die anderen Hunde mit ihren vernünftigen Herrchen und Frauchen noch mehr in die negativen Schlagzeilen geraten, obwohl dies bei einer verantwortungsvollen Beziehung zwischen Mensch und

Hund eigentlich überhaupt nicht notwendig wäre.

Alleine schon die Debatte um die Kampfhundeproblematik hat schon wesentlich dazu beigetragen, dass man heutzutage in breiten Bevölkerungskreisen Hundebesitzern und deren Hunden sehr skeptisch und negativ gegenüber steht.

Wenn es mir also gelingt, durch dieses Büchlein bei dem Einen oder Anderen

- das Misstrauen gegenüber Hundebesitzern und die grundsätzlichen Ängste gegenüber allen Hunden abzubauen,

- und es mir weiterhin gelänge, bestimmte Hundebesitzer zum Nach- und Umdenken über ihr bisher gezeigtes unreflektiertes Verhalten anzuregen,

......dann hat dieses Büchlein einen wesentlichen Zweck erfüllt!

…und wenn ihr mich dazu fragt!

Zum Thema Anleinen bzw. Frei Herum-springen lassen möchte ich natürlich auch aus meiner Hundesicht noch etwas beitragen, und sie glauben jetzt bestimmt, dass ich das, was im vorigen Kapitel gesagt wurde, aus meiner Sicht natürlich nicht gut heißen kann.

Aber sie werden sich wundern, wenn ich jetzt hier sage, dass ich unter bestimmten Voraussetzungen die Auffassung meines Herrchens durchaus teile, obwohl ich in den ersten beiden Jahren meines Hundelebens ja die totale Freiheit genießen durfte.

Aber auch als Hund mache ich mir in diesem Zusammenhang nichts vor und belüge mich auch nicht selber, denn auch ich habe bereits seit geraumer Zeit festgestellt, dass man mit weniger Stress und Adrenalinausstoß wegen ständiger Aufregungen auch ein gutes Hunde-leben führen kann…………

….und Bewegung und Auslauf habe ich Dank der Art und Weise, wie sich mein Herrchen und mein Frauchen um mich kümmern genug.

Wie ist das möglich?

Ganz einfach:
Man muss als Hund einfach nur das Glück haben ein verständnisvolles Herrchen und Frauchen zu bekommen, die sich einen Hund nicht nur deswegen anschaffen weil er als Welpe so „schnuckelig" aussieht.

Nichts gegen andere Tiere, aber wenn es nur um das Thema Kuscheln und Fürsorge geht, dann kann man sich auch ein Zwergkaninchen oder ein Meerschweinchen halten, meine ich als Hund.

Das bedeutet, dem Mensch als künftigem Hundebesitzer und Rudelführer muss bereits von vorne herein klar sein, dass ein Hund zwar nach wie vor immer noch der treueste Freund des Menschen ist, aber mir tun halt immer diejenigen Artgenossen von mir leid, die zwar gemeinsam mit ihren Menschen in ihrem „gemischten Rudel" leben, aber zum Beispiel wegen Berufstätigkeit von morgens bis abends alleine sein müssen, denn so stellen wir uns als Hund das gemeinsame Leben mit unserem besten Freund, dem Menschen, nicht vor.

Ich bedauere ebenfalls die etwas größeren Artgenossen von mir, die darüber hinaus auch noch in kleinen Wohnungen gehalten werden, und

ich habe manchmal den Eindruck, dass bestimmte Hundebesitzer bei der Auswahl ihres
Hundes nach dem Motto verfahren:

**„Je kleiner die Wohnung desto größer der
oder die Hunde!"…**

…und dafür habe ich natürlich überhaupt kein
Verständnis.

Wie sieht nun aber ein „hundewürdiges und
erfülltes Hundeleben" in einem solchen gemischten Rudel aus?

Zuerst einmal ist es die Geborgenheit, denn
auch wir Hunde fühlen uns heutzutage – genau
wie früher unsere Vorfahren in ihren Rudeln –
natürlich nur dort wohl, wo wir uns geborgen
fühlen, wo für uns gesorgt wird und wo wir uns
„unseren Rudelführern", nämlich Herrchen und
Frauchen, auf unsere Art und Weise dankbar
erweisen können, indem wir sie beschützen,
Haus und Wohnung bewachen und auch bei
Spiel und Sport sinnvoll gefordert werden, denn
es gibt für uns Hunde nichts Schlimmeres als
total unterfordert und gelangweilt zu sein, denn

„wir brauchen eine Aufgabe."

Das Schönste für uns ist allerdings nach wie
vor, dass wir möglichst viel Zeit gemeinsam

mit unseren Herrchen und Frauchen verbringen können, denn man darf nie vergessen, wir sind nach wie vor „Rudeltiere".

Bei diesem Thema habe ich zum Glück keine Entzugserscheinungen, denn es ist bei uns sichergestellt, dass ich mindestens zweimal am Tag große Spaziergänge unternehme oder mit großer Freude gemeinsam mit Herrchen eine Fahrradtour mache,....denn da kann ich endlich einmal ganz viel und schnell rennen.

Wenn wir spazieren gehen, dann bin ich wegen meines nach wie vor vorhandenem Jagdtriebs zwar meistens angeleint, aber da ich von Anfang an mit einer flexiblen Leine ausgestattet wurde, kann ich mich immerhin in einem Radius von acht Metern bewegen, Herumschnüffeln und nach Mäusen wühlen wo ich will.

Und wenn jetzt bestimmte Kritiker unter den Lesern sagen, dass ist ja alles ganz gut und schön, aber wegen meiner oder unserer Berufstätigkeit kann ich nicht soviel Zeit für ein Haustier investieren, dann muss ich denen mit aller Deutlichkeit sagen:

„Dann dürfen sie sich auch keinen Hund anschaffen!"

Ich stelle also fest, dass ich – obwohl meistens angeleint – keinen Schaden genommen habe.

Aber jetzt einmal ganz im Vertrauen unter uns gesagt, manchmal „büchse" ich ja immer noch einmal für ein paar Minuten aus, wenn mir zum Beispiel beim Spielen mit anderen Hunden auf einer großen Wiese die Fährte eines Fasans oder ein Rebhuhns in die Nase kommt, dann muss ich ganz einfach diese Spur verfolgen, denn das ist halt nach wie vor doch noch ein bisschen interessanter als das schönste Bäll-chenspiel mit den anderen Artgenossen,

…das jedenfalls meint „Scoby."

Meine Besonderheiten

Natürlich habe auch ich meine rasse-, bzw. mischlingsbedingten Besonderheiten, die mir mein Herrchen und Frauchen teilweise abgewöhnt oder sich mit diesen arrangiert haben, so dass weder die Beiden noch ich damit Probleme haben.

Zu den naturbedingten Gegebenheiten gehört bei mir zum Beispiel die Tatsache, dass ich über ein so genanntes „Scherengebiss" mit großen Fangzähnen verfüge, das bedeutet, dass ich am Ober- und Unterkiefer vorne jeweils zwei lange und spitze Zähne habe, und wenn ich dazwischen etwas fest „eingeklinkt" habe, dann bekommt man das ohne meine Zustimmung nicht mehr heraus.

Das hat beim Spielen zur Folge, dass mich mein Herrchen oder Frauchen an einem Seil oder einem Stock problemlos durch das Haus tragen können, wobei der Begriff problemlos natürlich nur für mich zutrifft, denn mir macht das Ganze ja riesig Spaß, aber……meine menschlichen Spielgefährten müssen immerhin gut zwanzig Kilo schleppen und da hört natürlich verständlicherweise der Spaß schon nach einer gewissen Zeit auf.

Ein weiteres Verhaltensmerkmal ist die Tatsache, dass ich weggeworfene Gegenstände, wie zum Beispiel Bällchen, Holzstücke usw. in der Regel nicht sofort hergebe, sondern so lange mit knurrähnlichen Geräuschen mit meinem Herrchen um die Beute „kämpfe", bis schließlich einer von Beiden dann doch gewonnen hat.

Ich lege allerdings Wert auf die Tatsache, dass es sich lediglich um „knurrähnliche" Geräusche handelt, die mein Herrchen beim Spielen genauso von sich gibt, und so macht uns dieses Spiel immer wieder Spaß.

Und, wie gesagt, man hätte mir ja diese „Untugend" abgewöhnen können, aber diese Art des Miteinander Herumtollens gefällt uns allen, und deshalb haben wir alle mit dieser Verhaltensweise von mir auch kein Problem.

Nun werden sie sagen, das ist ja alles ganz schön, aber mit der Zeit macht es doch überhaupt keinen Spaß mehr, wenn man nicht einmal Stöckchen oder Bällchen werfen kann, da ich diese ja nicht mehr hergeben will.

Das ist bei uns aber auch kein Problem, denn mein Herrchen hat mich bei diesem Thema wieder einmal „ausgetrickst" und hat in der Regel für solche Spielereien immer ein zweites

Stöckchen parat, welches dann nach dem Apportieren des Ersten zum Einsatz kommt.

Besonders schön ist dieses Spiel insbesondere an heißen Sommertagen wenn ich im Rhein Schwimmen gehen darf und kurz nach dem Verlassen des Wassers mit riesiger Freude den zweiten Stock in der Hand meines Herrchens entdecke, deshalb meinen aus dem Wasser eroberten Stock fallen lasse, um dann mit großer Freude dem nächsten in's Wasser geworfenen Stock zu folgen.

Dieses Ritual kann zu meiner Freude beliebig lang fortgesetzt werden und hat den unwahrscheinlichen Vorteil, dass ich mich zwischendrin nicht unnötige lange Zeit in der Hitze an Land aufhalten muss, um mit meinem Herrchen wegen der Herausgabe des Stöckchens herumzurangeln,

….denn schließlich will ich ja im Wasser schwimmen und mich erfrischen!"

Das Beispiel „Schwimmen im Rhein" macht deutlich, dass ich einerseits durch diesen Trick in den Genuss längerer Schwimmphasen komme, aber sie merken andererseits auch, dass es durchaus Arrangements gibt mit denen sowohl Mensch als auch Hund sehr gut leben können.

Für eine weitere „Eigenart", die insbesondere mein Frauchen nicht besonders liebt, bin ich nicht verantwortlich, da diese „naturbedingt" ist und von mir deshalb nicht beeinflusst werden kann.

Wie sie bereits wissen, habe ich ja ein so genantes Scherengebiss und offensichtlich ein Besonderes, denn mir ist die Gabe beschert, dass bestimmte Teile meines Fressens wieder aus dem Maul herausfallen, wenn diese zum Beispiel nicht so ganz nach meinem Geschmack sind.

Dies sei ihnen hiermit am Beispiel „Fleischwurst" (Anm.: Lyoner) verdeutlicht, denn ich habe vor nunmehr fünf Jahren bei meiner Umsiedlung nach Rheinhessen feststellen müssen, dass die Menschen hier eine besondere Lieblingsspeise haben nämlich:

- **Weck** (Doppel Brötchen)
- **Worscht** (Fleischwurst)
- **Woi** (Wein)

Diese Mahlzeit kann als Lebensmotto der „Meenzer" bezeichnet werden und wird sogar in der Fastnacht wie folgt besungen:

„Ohne Weck, ohne Worscht, ohne Woi geht en echte Meenzer ei!"

Ich habe natürlich seinerzeit die für mich völlig unbekannte Fleischwurst auch einmal versucht und ebenfalls schätzen gelernt, wobei ich als Hund getrost auf Weck und Wein verzichten kann.

Und wenn mir mein Frauchen unbedingt ein Stückchen Fleischwurst auf einem Stück Brot schmackhaft machen will, dann gelingt es mir in diesen Fällen partout nicht, Beides im Maul zu behalten, denn durch meine zahntechnisch bedingte Stellung der Zähne fällt mir seltsamerweise immer das kleine Stück Brot aus dem Maul heraus, währenddem – zum Glück – das leckere Stück Fleischwurst seinen Weg zum Magen findet.

Ich habe darüber hinaus außer meiner Befähigung „die Ohren auf Durchzug zu stellen" auch noch die Begabung meine Augen zu beeinflussen und vor bestimmten Situationen zu schützen.

Aus diesem Grund gelingt es mir, dass ich an bestimmten Tagen beim Frühstück zum Beispiel ein zum Auslecken hingestelltes Quarkschälchen (…das ich ansonsten ja gerne auslecke) überhaupt nicht wahrnehme,

- den Anblick total verdränge

- und meinen Weg zu Herrchen oder Frauchen – unter Umgehung dieses ungeliebten Objektes – um die andere Tischseite herum fortsetze,
- um dann vielleicht doch noch etwas Besseres zu bekommen.

Sie sehen also hoffentlich am Ende dieses Kapitels, dass es beim gemeinsamen Zusammenleben zwischen Mensch und Hund nicht immer unbedingt darauf ankommt, dass ich als Hund hundertprozentig ausschließlich Befehle befolgen muss (Anm.: Das könnte ich als Terriermischling sowieso nicht!).

Wichtig ist für mich, dass es in Anbetracht meiner unbedingten Treue und Liebe zu meinem Herrchen und Frauchen Kompromisse gibt, die unserem Rudel gerecht werden und somit wesentlich zu einem überwiegend

„stressfreien Miteinander Leben" beitragen!

Das meint

„Scoby"

Schlussworte

Nachdem unser Scoby in seinem letzten Kapitel zum Thema „Stressfreies Miteinander Leben" schon das Wesentlichste zu diesem Thema gesagt hat, bleibt mir eigentlich nichts anderes übrig als mich diesen Aussagen anzuschließen.

Ich hoffe es ist mir gelungen, sie in diesem für sie hoffentlich amüsanten Büchlein davon zu überzeugen, dass sich das Zusammenleben mit besonders eigenwilligen Hunden, wie zum Beispiel Terrier oder Terriermischlinge, durchaus lohnt und auch Spaß macht.

Sie sollten sich aber in jedem Falle vor der Anschaffung eines Hunde klar machen, dass ein Hund keine Ware oder ein Gegenstand sondernd nach wie vor der treueste Freund und Begleiter des Menschen ist, aber es müssen einige wichtige Rahmenbedingungen stimmen.

Sie sollten sich deshalb vor der Anschaffung eines Hundes darüber im Klaren sein, dass ein Hund:

- genügend Zeit beansprucht,
- nicht den ganzen Tag alleine sein möchte,

- auch den Urlaub gerne mit Herrchen und Frauchen verbringt,
- rasseabhängig sowohl von der Größe als auch von seinem Wesen zu ihnen und ihrer Familie passen muss, das ist besonders wichtig wenn sie auch Kinder haben,
- auch nach der Anschaffung noch regelmäßige Kosten verursacht, wie zum Beispiel für Futter, Versicherungen, Steuer, Impfungen, Arztbesuche usw.

Wenn sie bei all diesen Punkten ehrlich zu sich selber sagen können,

„das ist doch alles selbstverständlich, "

….dann können sie sich ganz unbesorgt einen Hund anschaffen, und ich wünsche ihnen in diesem Fall eine lange, schöne gemeinsame Zeit mit ihrem neuen „Rudelmitglied" und sie werden das Zusammenleben mit ihrem treuen vierbeinigen neuen Freund nicht bereuen!